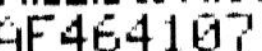

NOTE

SUR LES

SYSTÈMES COORDONNÉS

D'UNITÉS ÉLECTRIQUES

SPÉCIALEMENT SUR CELUI DE L'ASSOCIATION BRITANNIQUE
ET SES APPLICATIONS

PAR M. E. KOWALSKI
INGÉNIEUR DES ARTS ET MANUFACTURES, LICENCIÉ ÈS SCIENCES PHYSIQUES.

[Extrait des *Mémoires de la Société des Sciences physiques et naturelles de Bordeaux*,
t. IV (2e Série), 3e cahier.]

BORDEAUX
IMPRIMERIE G. GOUNOUILHOU
RUE GUIRAUDE, 11

1881

NOTE

SUR

LES SYSTÈMES COORDONNÉS

D'UNITÉS ÉLECTRIQUES

SPÉCIALEMENT SUR CELUI DE L'ASSOCIATION BRITANNIQUE
ET SES APPLICATIONS

PAR M. E. KOWALSKI

INGÉNIEUR DES ARTS ET MANUFACTURES, LICENCIÉ ÈS SCIENCES PHYSIQUES.

INTRODUCTION

La loi de Ohm donne la relation connue, $I = K\frac{E}{R}$, entre l'intensité I d'un courant, la force électro-motrice E qui lui a donné naissance et la résistance totale R du circuit qu'il parcourt.

La valeur numérique de la constante K est indéterminée et dépend du choix complètement arbitraire des unités d'intensité, de force électromotrice et de résistance. Une première simplification consiste à remarquer que l'on peut supposer $K = 1$, à condition que l'on ait $R = 1$ lorsque I et E seront égaux à l'unité. On pourra donc écrire $I = \frac{E}{R}$, mais il reste toujours 2 unités arbitraires.

Il est utile et rationnel de choisir ces 2 unités, de manière à constituer un ensemble logique et relié aux unités magnétiques, toutes ces unités devant être exprimées au moyen des 3 unités fondamentales et arbitraires de longueur, de force et de temps.

Des mesures effectuées à l'aide d'un semblable système d'unités sont dites absolues; elles sont immédiatement comparables entre elles.

J'ai essayé dans la présente Note de présenter succinctement et d'une manière élémentaire les notions principales relatives à ces systèmes d'unités, notions que les traités classiques de Physique publiés jusqu'ici en France passent à peu près complètement sous silence, et qui sont cependant excessivement utiles pour résoudre les problèmes relatifs aux applications de l'électricité (1).

Je ne parlerai pas du reste de la mesure des quantités magnétiques, question traitée dans bon nombre d'ouvrages classiques, ceux de MM. Desains et Jamin, par exemple.

§ I. — Mesure en unités absolues des courants continus ou instantanés.

Occupons-nous d'abord des courants continus.

Le point de départ est la formule connue de Laplace exprimant l'action d'un élément de courant sur un pôle magnétique :

$$F = K . \frac{\mu . i . ds . \sin \omega}{l^2}.$$

La force F est, comme on le sait, appliquée à l'élément et perpendiculaire au plan passant par celui-ci et le pôle.

De cette formule, on peut déduire en y supposant $K = 1$ une définition pour l'unité absolue d'intensité des courants. Mais comme l'action d'*un élément* de courant n'est pas matériellement réalisable, il vaut mieux transformer cette définition, comme le fait Weber, en examinant l'action exercée par un courant circulaire sur un pôle d'aimant.

---

(1) J'ai consulté avec fruit pour le présent travail les ouvrages ci-après :

Von Lang, *Einleitung in die theoretische Physik.*

Du Moncel, *Traité des Applications de l'Électricité.*

Verdet, *Théorie mécanique de la Chaleur.*

Bouty, *Supplément au Tome I du Cours de Physique de M. Jamin.*

Journal de Physique théorique et appliquée, spécialement les articles de MM. Cornu, Terquem et Potier.

Annales de Physique et de Chimie, 4e série, tome XIX (un article de M. Bertin *sur la Mesure absolue des Courants).*

Le journal : *la Lumière électrique.*

Nous supposerons, pour simplifier les calculs, le pôle B situé sur la perpendiculaire OX au plan du circuit O.

Considérons (*fig.* 1) en M un élément $MN = ds$ de ce circuit; l'angle $BMN = \omega$ est droit et la force F est perpendiculaire à BM dans le plan BOM, de telle sorte qu'en rabattant ce plan sur celui du tableau (*fig.* 2) on voit tout de suite que cette force peut se décomposer en deux, l'une suivant le rayon OM, l'autre f parallèle à OB. En considérant alors l'élément symétrique du circuit en M', on voit que les composantes suivant les rayons se détruisent 2 à 2, et l'on est ramené à composer les forces égales et parallèles f qui ont une résultante R unique et passant par le pôle B. On a :

$$f = F \sin \beta;$$

or, ω valant 90°,

$$F = \frac{\mu . i . ds}{\overline{BM}^2};$$

d'où

$$R = \sum_0^{2\pi} \frac{\mu i ds \sin \beta}{BM^2} = \mu i \frac{\sin \beta}{\overline{BM}^2} \sum_0^{2\pi} ds$$

ou

$$(1) \qquad R = \mu i \frac{2\pi r^2}{(D^2 + r^2)^{\frac{3}{2}}}.$$

Si l'on considère maintenant un aimant ab à cheval sur le circuit en son centre et qu'on cherche son action sur le pôle B, on arrive, en négligeant l_1^2 devant D^2, à la relation

$$R' = 2 \mu_1 l_1 \frac{\mu}{D^3}.$$

Si dans le cas du circuit précédent r^2 est également négligeable devant D^2, on trouve

$$R = 2\pi r^2 i \frac{\mu}{D^3}.$$

Dès lors on aura $R = R'$, pourvu que l'on ait

$$\pi r^2 i = \mu_1 l_1.$$

Cette relation est la *condition d'équivalence* d'un circuit et d'un aimant à cheval sur celui-ci par rapport à un pôle. Elle n'est démontrée ici, il est vrai, que lorsque le pôle B est dans le prolongement de l'axe de l'aimant; mais elle peut être facilement généralisée. Le calcul fait par M. Terquem (*Journal de Physique*, tome I) revient à calculer les composantes de l'action exercée suivant les trois axes Ox, Oy, Oz.

Considérons maintenant l'*aimant unité*, tel que l'on ait $\mu_1 = 1$, $l_1 = 1$; le circuit équivalent devra satisfaire à la relation $\pi r^2 i = 1$ et l'on aura par suite $i = 1$, si $\pi r^2 = 1$.

Donc *l'unité absolue d'intensité est l'intensité du courant qui, parcourant un circuit circulaire d'aire égale à l'unité, exerce sur une molécule magnétique éloignée une action égale à celle de l'aimant unité à cheval sur le circuit au centre de ce dernier.*

L'unité de courant ainsi déterminée, $\frac{\mu i . ds \sin \omega}{l^2}$ représentera en valeur absolue l'action d'un élément de courant sur un pôle.

Considérons maintenant une boussole des tangentes à cadre circulaire, — et par ce nom nous désignerons, non seulement l'appareil qui le porte spécialement, mais tout autre tel que la tangente de la déviation soit proportionnelle à l'intensité du courant, le Galvanomètre de Weber, par exemple (*fig.* 3).

On peut alors calculer très approximativement la grandeur des forces agissant sur chacun des pôles de l'aiguille ab comme s'ils étaient l'un et l'autre constamment situés en c. Ce qui variera avec l'angle α, ce sera le moment du couple déviateur, moment équilibré par celui du couple terrestre.

D'après ce qui précède, l'action exercée par une spire du fil enroulé sur le cadre sur un des pôles est

$$\frac{2\pi r^2 \mu i}{(D^2 + r^2)^{\frac{3}{2}}};$$

si donc le cadre porte n spires, on aura

$$(1) \qquad R = \frac{2\pi r^2 n}{(D^2 + r^2)^{\frac{3}{2}}} \mu i.$$

La quantité

$$\frac{2\pi r^2 n}{(D^2 + r^2)^{\frac{3}{2}}}$$

peut se calculer une fois pour toutes; c'est la constante C_b de la boussole.

Le moment du couple déviateur est alors

$$(2) \qquad C_b \mu . il \cos \alpha ;$$

celui du couple terrestre est

$$H \mu . l \sin \alpha ,$$

H représentant la valeur absolue de la composante horizontale de la force terrestre. — En égalant ces 2 moments, on obtient en valeur absolue

$$(3) \qquad i = \frac{H}{C} \operatorname{tang} \alpha .$$

Cas des courants instantanés.

On appelle *courant instantané* un courant qui ne dure que pendant un temps très court δ. Si i est l'intensité *moyenne* de ce courant, $i\delta$ représentera la quantité totale d'électricité qui circule pendant la durée de son existence. Il nous suffira, pour la suite de ce travail, de savoir évaluer cette quantité $i\delta$ que l'on appelle souvent improprement *intensité du courant instantané.*

Il convient d'employer dans ce but une boussole construite de telle façon que son aiguille oscille lentement, en sorte qu'elle n'ait pas le temps de s'éloigner sensiblement du méridien magnétique pendant le temps très court δ, et qu'elle ne s'en écarte qu'en vertu de la vitesse angulaire initiale ω_0 qu'elle a reçue lorsqu'elle se trouvait encore dans ce plan. L'aiguille oscille ensuite à la façon d'un pendule, sous la seule action du couple terrestre.

Soit **A** l'angle d'écart maximum de l'aiguille, a l'angle d'écart à l'époque t, T la durée d'une oscillation simple.

On a, en vertu des lois du mouvement pendulaire,

$$a = A \sin \frac{\pi t}{T},$$

d'où

$$\frac{da}{dt} = \omega = \frac{\pi A}{T} \cos \frac{\pi t}{T},$$

pour $t = 0$, $\omega = \omega_0$; par suite,

$$\omega_0 = \frac{\pi A}{T}.$$

On peut obtenir une seconde expression de ω_0 en fonction de la quantité cherchée $i\delta$, en remarquant que l'on peut considérer $\frac{\omega_0}{\delta}$ comme la valeur de l'accélération angulaire que l'aiguille située encore dans le méridien a prise sous l'action du couple déviateur. Si nous désignons par M le moment magnétique ml de l'aiguille, et si nous remarquons que, pour la situation indiquée $\alpha = 0$, la formule connue de Mécanique $\frac{d\omega}{dt} = \frac{\Sigma MF}{I}$ nous donnera, en désignant par I le moment d'inertie du système oscillant,

$$\omega_0 = \frac{C_i M}{I} i\delta;$$

en égalant les 2 expressions de ω_0 il viendra

$$i\delta = \frac{\pi A}{C_i T} \cdot \frac{I}{M}.$$

Sous cette forme, la formule suppose les arcs évalués en fonction du rayon pris pour unité; comme en fait l'observation les fournit en degrés, il conviendra de multiplier le second membre par le facteur $\frac{\pi}{180}$, et l'on aura

$$i\delta = \frac{\pi^2}{180} \cdot \frac{AI}{C_i M T}.$$

On peut transformer cette formule et la rendre d'un usage plus commode en introduisant la composante horizontale H du magnétisme terrestre qui peut, dans certains cas, être fournie par un observatoire. La formule du pendule composé donne, en effet,

$$T = \pi\sqrt{\frac{I}{HM}};$$

d'où

$$\frac{I}{M} = \frac{T^2 . H}{\pi^2};$$

en substituant, il vient

$$i\delta = \frac{1}{180} \cdot \frac{AT}{C_t} \cdot H.$$

Remarque. — Cette formule n'est qu'approximative; elle a besoin de subir des corrections tenant notamment à ce que l'aiguille aimantée se meut devant des pièces en cuivre rouge, d'où production de courants induits qui agissent comme forces retardatrices. Le mouvement de l'aiguille diffère donc sensiblement du mouvement pendulaire. Mais je dois me borner ici à indiquer la nécessité de cette correction.

§ II. — Extension de la notion de potentiel aux courants électriques.

La considération de l'équivalence d'un circuit circulaire et d'un aimant à cheval sur ce circuit conduit à un théorème important, dû à Ampère, et dont voici l'énoncé :

« L'action d'un courant fermé sur un pôle magnétique est identique à l'action qu'exerceraient deux surfaces infiniment voisines l'une de l'autre, limitées toutes deux par le courant et chargées de fluides magnétiques contraires. »

On arrive facilement à cet énoncé en décomposant le circuit total en circuits élémentaires, et substituant à chacun de ceux-ci l'aimant équivalent.

L'importance de ce théorème est pour nous de permettre d'étendre facilement aux courants la notion de potentiel, puisque les actions exercées sont ainsi ramenées à des forces émanées de points matériels, et s'exerçant en raison inverse des carrés des distances.

Les traités de Physique récents publiés en France renferment un exposé plus ou moins étendu de la théorie du potentiel, et les *Mémoires de la Société des Sciences physiques et naturelles de Bordeaux* contiennent à ce sujet deux communications de notre savant collègue, M. Abria ; je supposerai donc connues les propriétés élémentaires de cette fonction.

Potentiel d'un circuit en un point donné.

Considérons en un point donné P l'unité de magnétisme, et supposons un circuit C parcouru par un courant d'intensité 1. Imaginons la double surface magnétique $\sum$ équivalente à C. On sait que le potentiel V de cette surface au point P représente le travail nécessaire pour amener de l'infini en ce point une molécule chargée de l'unité de magnétisme. Ce même travail représentera aussi ce que nous appellerons le potentiel du circuit.

Il résulte alors, des notions que je suppose ici connues, que le travail nécessaire pour amener de P en P′ une masse magnétique μ, relativement à un circuit C parcouru par un courant d'intensité i, a pour valeur $\mu . i . \Delta V$, ΔV étant la variation du potentiel quand on passe du premier point au second.

Considérons (*fig.* 4), un élément circulaire infiniment petit $d\omega$ du circuit C, et l'aimant élémentaire équivalent AB dont le moment magnétique est $\mu_1 l_1$. La condition d'équivalence est ici $d\omega = \mu_1 l_1$, puisqu'on suppose $i = 1$.

Le potentiel dV de ce circuit élémentaire sera le même que celui de l'aimant, c'est-à-dire

$$dV = \sum \frac{\mu}{r} = \mu_1 \left(\frac{1}{AP} - \frac{1}{BP} \right);$$

expression que l'on transforme facilement en

$$\mu_1 \frac{\overline{BP}^2 - \overline{AP}^2}{(BP + AP) AP . BP}.$$

Or, si ρ désigne la distance OP, on a, à un infiniment petit près, $AP = BP = \rho$; d'autre part, $\overline{BP}^2 - \overline{AP}^2 = 2\overline{AB} \times$ projection OP, c'est-à-dire $2l_1\rho\cos\alpha$; d'où, après substitution et réductions,

$$dV = \frac{d\omega . \cos\alpha}{\rho^2};$$

et par suite,

$$V = \sum \frac{d\omega . \cos\alpha}{\rho^2}, \tag{1}$$

le signe $\sum$ s'étendant à tous les circuits élémentaires composants du circuit C considéré.

Cette expression analytique du potentiel peut recevoir une interprétation géométrique très simple. Remarquons en effet que $d\omega \cos\alpha$ est la projection du circuit élémentaire sur un plan mené par le point O perpendiculairement à la droite OP, projection que l'on peut confondre avec la projection conique de l'élément $d\omega$ sur la sphère de rayon ρ, P étant à la fois le centre de cette sphère et le sommet du cône. Dès lors $\frac{d\omega \cos\alpha}{\rho^2}$ représente l'élément superficiel découpé par le cône en question sur la sphère de rayon 1 ayant son centre en P; V, somme de tous ces éléments superficiels, représente donc la portion de surface découpée sur cette sphère par le cône ayant le circuit comme directrice et le point P pour sommet; d'où le remarquable énoncé :

« Le potentiel d'un circuit en un point donné est représenté par l'angle solide sous lequel on voit le circuit du point considéré. »

Par suite, si un circuit C parcouru par un courant d'intensité i subit un déplacement par rapport à un pôle de masse magnétique μ, le travail des forces électromagnétiques s'obtiendra en multipliant μi par la différence des angles solides sous lesquels le circuit est vu du point P dans ses positions finale et initiale.

Si le circuit C est plan et se déplace par rapport à un pôle très éloigné, les distances ρ de ce pôle aux centres O des divers circuits élémentaires peuvent être regardées comme constantes; les droites telles que OP auront sensiblement une direction commune, celle des forces magnétiques émanées du pôle; les aimants élémentaires sont d'autre part parallèles entre eux; l'angle α est donc constant; $\frac{1}{\rho^2}\cos\alpha$ peut sortir du signe $\sum$ et il vient

$$V = \frac{1}{\rho^2}\cos\alpha \sum d\omega = \frac{S\cos\alpha}{\rho^2},$$

S étant l'aire du circuit.

Considérons maintenant un circuit plan soumis à l'action de la terre; cette action est, on le sait, équivalente à celle de deux pôles, l'un austral, l'autre boréal infiniment éloignés; si nous supposons en chacun d'eux l'unité de magnétisme, nous aurons, pour le potentiel relatif à l'ensemble de ces deux pôles, $\frac{2}{\rho^2}\cos\alpha$. Il est commode d'introduire la masse magnétique μ de chacun de ces pôles, et nous appellerons *potentiel d'un circuit plan* **PAR RAPPORT A LA TERRE** l'expression :

$$2\frac{\mu}{\rho^2}\cos\alpha.$$

Or, $\frac{\mu}{\rho^2}$ est la valeur absolue de la force magnétique terrestre F; si donc nous continuons à désigner par V ce potentiel, il viendra

$$V = 2FS\cos\alpha. \qquad (2)$$

α est ici l'angle que fait le plan du circuit avec un plan perpendiculaire à l'aiguille d'inclinaison.

Le travail des forces électromagnétiques répondant à un déplacement déterminé du circuit (supposé parcouru par un conraut d'intensité 1), sera

$$\Delta V = 2FS.\Delta(\cos\alpha). \qquad (3)$$

Si l'on examine le cas particulier d'un circuit plan situé d'abord dans le méridien magnétique, puis tournant de 90° autour d'un axe vertical, on voit facilement, en se rappelant que l'angle de deux plans est égal à celui de leurs normales, qu'en désignant par I l'angle d'inclinaison, on a, dans la position finale du circuit $\alpha = I$ et dans la position primitive, $\alpha = 90°$; par suite

$$\Delta V = 2SF \cos I = 2SH.$$

Pour une rotation de 180° imprimée au circuit, on aurait $\Delta V = 4SH$, relation qui nous servira ultérieurement.

§ III. — Quelques remarques sur l'induction, de l'unité de force électromotrice et de la détermination des résistances en unités absolues.

Considérons l'induction produite par le déplacement relatif d'un circuit fermé et d'un pôle magnétique. Remarquant, d'après la loi de Lenz, qu'il ne suffisait pas d'un déplacement quelconque pour qu'un courant induit prît naissance, mais qu'il fallait que ce mouvement pût résulter de l'action même du pôle sur le circuit supposé parcouru par un courant, Neumann fut conduit à considérer la force électromotrice engendrée comme proportionnelle à la variation, dans l'unité de temps, du potentiel du circuit, relativement au pôle magnétique.

Cette conception de Neumann concorde avec les résultats fournis par l'expérience; nous poserons donc avec lui

$$E = K \frac{\mu \Delta V}{\tau},$$

E étant la force électromotrice induite, K une constante et τ la durée du déplacement répondant à la variation ΔV du potentiel. Cette formule conduit à des conséquences importantes.

1° La force électromotrice induite par un même déplacement est en raison inverse de la durée de celui-ci, résultat qui rend compte des grandes vitesses qu'il convient de donner aux générateurs électriques d'induction;

2° Si R est la résistance totale du circuit, et si la force électromotrice induite E est seule en jeu dans ce circuit, elle donnera naissance à un courant d'intensité $i = \frac{E}{R}$; la quantité d'électricité mise en mouvement dans le temps τ sera par suite

$$i\tau = \frac{E\tau}{R} = K\frac{\mu.\Delta V}{R}.$$

Si le déplacement est très rapide, τ est très petit, et le courant induit est ce que nous avons appelé un courant instantané, et la formule précédente nous permet de calculer la quantité totale d'électricité qui a circulé.

Dans le cas d'un circuit plan soumis à l'action terrestre, nous aurons de même, d'après ce qu'on a vu plus haut,

$$E = \frac{K}{\tau}2FS\Delta(\cos\alpha), \qquad i\tau = \frac{K}{R}2FS.\Delta(\cos\alpha);$$

enfin, dans celui du cercle situé dans le méridien magnétique et tournant de 180° autour de son diamètre vertical,

$$E = \frac{K}{\tau}4SH \quad \text{et} \quad i\tau = \frac{K}{R}4SH.$$

Du choix de l'unité absolue de force électromotrice.

On a vu précédemment que E était proportionnel à ΔV, c'est-à-dire à un travail mécanique; *on peut donc prendre pour unité absolue de force électromotrice l'unité de travail.* Ceci revient évidemment à supposer $K = 1$ dans la formule de Neumann et celles qui s'en déduisent, ce que nous supposerons désormais, et l'on pourra dire que *la force électromotrice d'un électrogénérateur quelconque représente l'énergie qu'est susceptible de développer dans l'unité de temps cet appareil, lorsqu'il est parcouru par un courant d'intensité absolue égale à l'unité.* Cette quantité d'énergie devra bien entendu être fournie à l'appareil par la dépense d'une quantité égale d'énergie, soit sous forme d'une action chimique, soit sous forme de travail mécanique fourni par un moteur.

L'unité de force électromotrice est donc parfaitement déterminée; il est cependant bon de savoir comment elle pourrait être définie à l'aide d'un phénomène électrique.

Nous remarquerons pour cela que la relation

$$E = \frac{2F}{\tau} \Delta (S \cos \alpha)$$

nous donnera $E = 1$, si l'on y suppose

$$\tau = 1 \qquad \text{et} \qquad \Delta (S \cos \alpha) = \frac{1}{2F}.$$

Si l'on observe maintenant que $S \cos \alpha$ est la projection de l'aire du circuit sur un plan perpendiculaire à l'aiguille d'inclinaison, on arrive au théorème remarquable suivant : « L'*unité* » absolue de force électromotrice est la force électromotrice » engendrée par un circuit plan, soumis à l'action terrestre, et se » déplaçant de telle sorte que l'aire de sa projection sur un plan » perpendiculaire à l'aiguille d'inclinaison, varie dans l'unité de » temps d'une quantite égale à $\frac{1}{2F}$ (F étant la valeur numérique » absolue de la force magnétique terrestre) ».

Détermination des résistances en unités absolues.

Les unités absolues d'intensité et de force électromotrice une fois définies, la relation $I = \frac{E}{R}$ détermine l'unité absolue de résistance. *Celle-ci est la résistance d'un circuit dans lequel la force électromotrice-unité développe le courant d'intensité absolue* 1.

Les divers traités de Physique indiquent plusieurs procédés pour obtenir la résistance d'un circuit par rapport à un conducteur type. Pour obtenir les résistances en unités absolues, il suffit donc d'évaluer ainsi la résistance de ce dernier. On peut y parvenir par une méthode dont voici le principe : Concevons une bobine circulaire plate d'un diamètre assez grand et pouvant tourner autour de son diamètre vertical, le fil faisant n' tours sur le cadre de rayon ρ'. Un semblable appareil porte le nom de magnétomètre d'induction. La force électromotrice induite dans la bobine par une rotation de 180°, l'amenant du méridien magnétique dans le même plan sera $\frac{4\pi\rho'^2 H}{\tau}$ pour une spire, soit pour la bobine entière $\frac{4n'\pi\rho'^2 H}{\tau}$. La quantité $4n'\pi\rho'^2$ est la constante C_m du magnétomètre; elle peut se calculer à l'avance.

Ceci posé, supposons les extrémités du fil induit reliées à celles du fil d'une boussole des tangentes dont la constante est C_b; soit R la résistance de l'ensemble du circuit ainsi formé. L'intensité totale du courant instantané engendré par la rotation *rapide* du magnétomètre (rotation de 180°) sera

$$i\tau = \frac{C_m H}{R}.$$

Or $i\tau$ s'obtient en fonction de l'angle d'impulsion A de l'aiguille de la boussole et de la durée T d'oscillation de celle-ci; on a trouvé plus haut

$$i\tau = \frac{1}{180} \frac{ATH}{C_b};$$

en égalant ces 2 valeurs de $i\tau$, il viendra

$$R = \frac{180}{A} \cdot \frac{C_m C_b}{T}.$$

Cette première mesure effectuée, on interpose dans le circuit le conducteur ou fil étalon dont on cherche la résistance r, et on recommence l'opération; C_m et C_b conservent leurs valeurs; la résistance totale est $R + r$; on observe pour l'angle d'impulsion de l'aiguille et la durée de son oscillation les valeurs nouvelles A' et T', d'où

$$R + r = \frac{180}{A'} \cdot \frac{C_m C_b}{T'};$$

et, par soustraction :

$$r = 180\, C_m C_b \left(\frac{1}{A'T'} - \frac{1}{AT}\right).$$

Ce calcul élémentaire devrait en fait subir des corrections nombreuses, dont l'indication sortirait du cadre de cette note.

§ IV. — Des divers systèmes d'unités absolues et du système usuel de l'Association Britannique.

Les considérations exposées dans les paragraphes précédents permettent l'établissement d'un système coordonné d'unités absolues. La possibilité de choisir arbitrairement les trois unités fondamentales de temps, de longueur et de force permet même la création de divers systèmes aussi logiques les uns que les autres. On a jusqu'ici proposé et employé trois systèmes. Dans tous l'unité de temps est la seconde, et dans tous aussi l'unité de force est définie par le rapport constant de l'unité de poids à la valeur de l'accélération g évaluée au moyen de l'unité de longueur répondant au système adopté.

Le tableau ci-joint présente l'ensemble comparatif de ces trois systèmes, dont le dernier est le plus employé :

SYSTÈMES ABSOLUS	NOTATION	UNITÉS FONDAMENTALES		
Système de Gauss et Weber	Gs. Wb.	Temps.........	1	seconde.
		Longueur......	1	millimètre.
		Force..........	$\frac{1}{9800}$	milligramme.
Ancien système de l'Association Britannique	M G S	Temps.........	1	seconde.
		Longueur......	1	mètre.
		Force...........	$\frac{1}{9,8}$	gramme.
Nouv. système de l'Association Britannique	C G S	Temps.........	1	seconde.
		Longueur......	1	centimètre.
		Force...........	$\frac{1}{980}$	gramme.

Système usuel de l'Association Britannique.

Les valeurs de I, E, R exprimées au moyen des unités absolues répondant à l'un des trois systèmes précédents auraient en général, pour les calculs d'application, l'inconvénient d'être représentées par des nombres trop grands; aussi l'Association Britannique a-t-elle créé un système usuel très employé maintenant dans les applications électriques et parfaitement relié aux unités précédentes. Ces unités usuelles ont reçu des noms particuliers : Volt, Ohm, Weber; ce sont des étalons fixes et parfaitement définis, et l'on a cherché à réaliser matériellement le Volt (unité de force électromotrice) et le Ohm (unité de résistance). Nous désignerons ce système par la notation abrégée système VOW. Le tableau ci-joint en donne les éléments principaux.

Système VOW.

UNITÉS USUELLES	NOM	VALEURS en unités absolues		OBSERVATIONS
		MGS	CGS	
d'intensité	Weber	$\frac{1}{100}$	$\frac{1}{10}$	Cette unité représente l'intensité du courant capable de décomposer, en 1s, 0,092 milligramme d'eau ($\frac{1}{10}$ de milligramme en nombres ronds).
de force électromotrice	Volt	10^5	10^8	C'est très sensiblement la force électromotrice d'un élément Daniell, dont le liquide excitateur est formé de 12 parties d'eau pour 1 d'acide sulfurique, et dont le liquide dépolarisateur est une solution saturée de nitrate de cuivre. — La force électro-motrice du Daniell ordinaire est environ 1 Volt 07.
de résistance	Ohm	10^7	10^9	C'est la résistance du circuit dans lequel une force électromotrice de 1 Volt développe un courant d'une intensité égale à 1 Weber. C'est la résistance d'une colonne de mercure de 1 millim. carré de section et 1 mètre 0486 de longueur. Le Ohm vaut donc les 1,0486 de l'unité Siemens; il équivaut également à la résistance d'un fil télégraphique de 4 millimètres de diamètre et 105 mètres de longueur.

§ V. — Notions sur la mesure électrostatique des forces électromotrices.

Les divers systèmes d'unités précédemment indiqués sont dits *électromagnétiques;* ils sont spéciaux aux mesures relatives aux courants. Mais, bien avant Volta, les études électrostatiques avaient conduit Coulomb à définir une unité particulière de quantité déduite des lois qu'il avait établies. De cette unité dérive un système particulier d'unités absolues. Ce système, dit *électrostatique,* s'applique d'une manière toute particulière à une classe nombreuse de phénomènes; mais il est absolument indispensable d'en dire ici quelques mots, car actuellement on évalue souvent les forces électromotrices d'un générateur électrique (une pile par exemple) par des procédés purement électrostatiques, qui offrent pour une pile l'avantage de supprimer les effets dits *de polarisation*. Il importe donc de savoir passer, de la force électromotrice ainsi évaluée en unités électrostatiques, à la force électromotrice absolue électromagnétique, que l'on sait évaluer en Volts.

Le passage d'un système à l'autre repose sur la connaissance du rapport $K = \frac{U_{mg}}{U_{st}}$ des deux unités de quantité électromagnétique et électrostatique. Par des procédés pour lesquels nous renvoyons au *Journal de Physique*, t. I, ou à la *Physique* de M. Daguin, t. III, Kohlrausch et Weber ont trouvé pour K les valeurs suivantes :

Système	$G_s W_b$......	$K = 311000$ millions
—	MGS......	$K = 311$ millions
—	CGS......	$K = 31100$ millions.

La force électromotrice, électrostatique n'est autre chose que la différence absolue des potentiels électrostatiques, $V_1 - V_0$, aux deux pôles du générateur. Il résulte, d'autre part, des propriétés élémentaires du potentiel, que, si le générateur électrique est tel que cette différence reste constante, le travail des forces électriques dans l'unité de temps aura pour valeur absolue $i(V_1 - V_0)$, i étant la quantité d'électricité qui traversera dans ce même temps une section du conducteur interpolaire lorsqu'on fermera le circuit. Il résulte, d'ailleurs, du choix fait pour l'unité absolue de force électromotrice dans le système électromagnétique, que EI est l'expression de ce même travail dans ce système. On a donc

$$i(V_1 - V_0) = EI;$$

d'où

$$E = (V_1 - V_0)\frac{i}{I} = K(V_1 - V_0).$$

K étant connu, on voit que la mesure électrostatique de $V_1 - V_0$ pourra donner E.

$V_1 - V_0$ peut s'évaluer en valeur absolue (électrostatique) au moyen de l'électromètre absolu de Thomson, appareil fort complexe, et très délicat, pour les détails duquel nous renvoyons à la *Physique* de Jamin (t. I, 3e édition). Il consiste en principe en deux plateaux parallèles pouvant communiquer respectivement avec les deux pôles du générateur électrique; leur surface S est connue, et l'appareil est disposé de façon que l'on puisse mesurer leur distance D et la force attractive F qui s'exerce entre eux. Le calcul fournit la relation

$$V_1 - V_0 = D\sqrt{\frac{8\pi F}{S}},$$

qui donnera la quantité cherchée $V_1 - V_0$.

Ici s'arrête la partie théorique de cette Note; l'importance pratique des notions qui y sont renfermées ressortira des applications que nous allons en faire.

§ VI. — Du calcul en unités usuelles des effets des courants électriques.

1° *Effets calorifiques et mécaniques.*

Chacun sait qu'un courant électrique parcourant un circuit donne, sur son parcours, naissance à la production d'un travail sous les différentes formes que celui-ci peut affecter (travail mécanique proprement dit, chaleur, actions chimiques). Les expériences de Joule et de M. Favre ont complètement mis en évidence ce fait, qui découle du reste du principe général de la conservation de l'énergie.

Il résulte, de notre définition de la force électromotrice par le travail, que l'énergie totale développée dans l'unité de temps par un courant d'intensité absolue I a pour expression en travail mécanique

$$T = KEI, \tag{1}$$

ou, en chaleur,

(2) $$Q = KAEI,$$

E étant la force électromotrice du générateur électrique,
A l'équivalent calorifique du travail,
K un coefficient numérique.

L'expression donnée pour Q est complètement générale. Si la force électromotrice E est *seule* agissante dans le circuit, on a la relation connue

$$I = \frac{E}{R};$$

d'où

$$Q = KAI^2R,$$

relation qui n'est autre que l'expression ordinaire de la loi de Joule.

La mise en œuvre des formules (1) et (2) exige la connaissance des coefficients A et K. Si l'on exprime toujours, comme d'ordinaire, T en kilogrammètres et Q en calories, A a la valeur connue $\frac{1}{425}$. La valeur de K dépend de l'unité adoptée pour E, mais il convient de remarquer avant tout que *ce coefficient K serait nécessairement égal à* 1, *si l'on prenait pour unité de E l'unité de travail, ici, le kilogrammètre.*

Nous allons maintenant déduire de cette remarque les valeurs de K, E étant supposé évalué : 1° dans le système CGS; 2° dans le système VOW.

1° Les quantités électriques sont exprimées en unités absolues du système CGS.

L'unité absolue de travail dans ce système est $\frac{1}{980}$ gramme centimètre. Si l'on conservait cette unité, K vaudrait 1 et l'on aurait $T = EI$; mais si, laissant pour E cette unité, nous évaluons T en kilogrammètres, unité 90×10^6 fois plus grande, on voit que la valeur numérique de T deviendra ce même nombre de fois plus faible; il faudra donc diviser le second membre de l'égalité par ce nombre.

On aura donc :

$$K = \frac{1}{98 \times 10^6} = \frac{0{,}0102}{10^6}.$$

$KA = \frac{K}{425}$ a pour valeur $\frac{0{,}000024}{10^6}$.

2° Les quantités électriques sont exprimées en unités usuelles VOW.

Considérons la formule $T = KEI$. Si E et I sont évalués dans le système CGS, K aura la valeur que l'on vient de calculer. Si nous choisissons pour unité E le Volt, et pour unité I le Weber, le produit IE prendra une valeur numérique $10^8 \times 10^{-1} = 10^7$ fois plus petite, comme d'autre part T conserve la même valeur, puisqu'il est toujours exprimé en kilogrammètres, on voit qu'il faudra multiplier le second membre de l'égalité par 10^7.

On aura donc :

$$K = \frac{0{,}0102}{10^6} \times 10^7 = 0{,}102,$$

et par suite

$$KA = 0{,}00024.$$

De ce qui précède, il résulte que les quantités de travail ou de chaleur qu'un courant est susceptible de développer en 1″ dans la *totalité* du circuit qu'il parcourt sont exprimées en kilogrammètres ou calories par les formules suivantes.

Les constantes du courant étant exprimées dans le système :

CGS		VOW	
Travail en kilogrammètres	Chaleur en calories	Travail en kilogrammètres	Chaleur en calories
$T = \frac{0{,}0102}{10^6} EI$	$Q = \frac{0{,}000024}{10^6} EI$	$T = 0{,}102 . EI$	$Q = 0{,}00024 . EI$

Ces quantités totales de travail ou de chaleur peuvent se répartir inégalement dans le circuit, sous une forme ou sous une autre. Cette répartition s'effectue, suivant l'une des lois de Joule, proportionnellement aux résistances propres des diverses parties du circuit. Si donc R est la résistance totale de celui-ci, ρ la résistance d'une partie déterminée de celui-ci, les quantités de travail ou de chaleur disponibles dans cette partie seront

$$t = \mathrm{T}\,\frac{\rho}{\mathrm{R}}; \quad q = \mathrm{Q}\,\frac{\rho}{\mathrm{R}}.$$

Application à la transmission de la force motrice par l'électricité.

Les considérations exposées dans ce travail trouvent une intéressante application dans l'importante question de la transmission de la force motrice par l'électricité. Pour l'effectuer, on emploie deux machines dynamo-électriques conjuguées que nous supposons identiques, comme c'est du reste ordinairement. La première A transforme en électricité une quantité donnée de travail T, qui lui est fournie par un moteur quelconque : c'est le générateur électrique; la seconde machine B fonctionne par réversibilité et retransforme une partie de l'électricité en travail : c'est le moteur électrique.

On peut exposer comme il suit d'une manière élémentaire la théorie de cette transmission.

Soit V la vitesse de régime du générateur, $\frac{V}{n}$ celle du moteur, E la force électromotrice d'induction du générateur (c'est une fonction du magnétisme des électro-aimants, des dimensions et de la vitesse de la bobine induite), I l'intensité du courant traversant l'ensemble du circuit, R la résistance *totale* de celui-ci. Toutes les quantités électriques sont supposées évaluées en unités VOW.

L'énergie T (kilogrammètres), transmise par seconde au générateur, a aussi pour expression 0,102 IE. D'après les lois fondamentales de l'induction, le mouvement de la bobine de B dans le champ magnétique de cette machine développe une force électromotrice négative, — E_1, de telle sorte que $I = \frac{E - E_1}{R}$.

La quantité d'énergie transformée en chaleur dans l'ensemble du circuit est, d'après la loi de Joule :

$$\frac{(E - E_1)^2}{R} \times 0{,}102;$$

en la retranchant de l'énergie dépensée, on a la quantité qui reparaît sous forme de travail dans le moteur électrique. On obtient ainsi facilement la relation :

$$\frac{T}{0{,}102} = \frac{1}{R}\left[E_1(E - E_1) + (E - E_1)^2\right].$$

D'autre part, les deux machines A et B étant identiques et traversées par un même courant, il résulte de l'hypothèse de Neumann, vérifiée par l'expérience, que

$$\frac{E}{E_1} = \frac{V}{\frac{V}{n}},$$

d'où

$$E_1 = \frac{E}{n};$$

substituant, il vient

$$\frac{T}{0{,}102} = \frac{E^2}{R}\left[\frac{1}{n}\left(1 - \frac{1}{n}\right) + \left(1 - \frac{1}{n}\right)^2\right].$$

Dans la quantité entre crochets, le premier terme répond à la quantité d'énergie qui reparaît en B comme travail disponible ; le second répond à la quantité transformée en chaleur.

On en déduit que le rendement électrique de la transmission a pour expression générale $\rho = \frac{1}{n}$,

On voit aussi très facilement que la machine B fournit la quantité maximum de travail utilisable lorsque $\frac{1}{n} = 1 - \frac{1}{n}$; d'où $n = 2$, c'est-à-dire lorsque le moteur électrique a une vitesse de régime égale à la moitié de celle du générateur. Le rendement électrique correspondant est égal à $\frac{1}{2}$.

2° *Effets chimiques.*

Pour les calculer, il suffit de se rappeler que le poids d'hydrogène dégagé en 1^s par l'unité absolue de courant, dans l'analyse de l'eau, est très sensiblement, en milligrammes,

dans le système { CGS .... $h = 0{,}1$,
VOW .... $h = 0{,}01$.

Il résulte alors des lois de Faraday que, si l'on soumet à l'électrolyse un composé de formule MR, M étant l'équivalent d'un métal et R celui d'un radical (métalloïde ou acide suroxygéné), le poids de métal déposé par 1^s sera, pour un courant d'intensité I, $p = M h I$.

§ VII. — Exemples numériques.

I. — L'expérience a montré que pour qu'une bougie Jablochkoff fonctionne régulièrement, il faut que l'intensité du courant soit d'environ 8 Webers, et la force électromotrice (à la base de la bougie) 40 à 45 Volts. — Le travail consommé par une de ces bougies est donc $0,102 \times 8 \times 45 = 36$ kilogrammètres. Si le rendement des mécanismes est de 0,50, on voit qu'on peut évaluer à 72 kilogrammètres le travail à dépenser pour l'alimentation d'une bougie, soit par excès 75 kilogrammètres.

Une machine motrice de *n* chevaux peut donc alimenter *n* foyers électriques de ce système.

II. — La force électromotrice d'un élément Bunsen (moyen modèle) est de 2 Volts; on assemble en série 50 de ces éléments; la résistance intérieure de chacun est 0,40 Ohm; le circuit extérieur est formé d'un fil de cuivre de $\frac{1}{2}$ millimètre de diamètre et 100 mètres de longueur; la résistance d'un semblable fil est de 85 Ohms par kilomètre. On demande :

1° L'intensité du courant produit;

2° La quantité totale d'énergie développée par la pile en 1^s;

3° La température à laquelle s'élèveront en 5 minutes 2 kilogrammes d'eau primitivement à 10° renfermés dans un calorimètre où le fil extérieur est complètement plongé.

La résistance externe est $85 \times 0,1 = 8,5$ Ohms.

La résistance interne, $50 \times 0,4 = 20$ Ohms.

La résistance totale, 28,5 Ohms.

La force électromotrice de la pile, $50 \times 2 = 100$ Volts.

L'intensité du courant est : $I = \frac{100}{28,5} = 3,5$ Webers.

L'énergie totale développée en 1",

$$T = 0,102 \times 100 \times 3,5 = 35,70 \text{ kilogrammètres.}$$

La proportion de celle-ci disponible dans le circuit extérieur est $\frac{8,5}{28,5} = 0,29$.

La quantité de calories dégagées en 1^s dans ce circuit est donc $0,29 \times \frac{35,70}{425}$, et, en $5^{min.}$, 300 fois plus, soit 7,31 calories. D'où l'on déduit facilement que la température finale de l'eau sera 13°,65.

III. — Un moteur à vapeur de 4 chevaux effectifs sur l'arbre fait mouvoir une machine Gramme. L'intensité du courant est de 15 Webers, la résistance du circuit extérieur 2 Ohms. Sachant que le rendement des mécanismes est 0,60, on demande :

1° La quantité d'énergie consommée par la machine Gramme;

2° La force électromotrice productrice du courant;

3° La résistance interne de la machine;

4° Le rendement électrique et l'énergie disponible dans le circuit externe.

L'énergie consommée en 1" est

$$0,60 \times 4 \times 75 = 180 \text{ kilogrammètres.}$$

On a donc : $0,102\,IE = 180$; d'où, I égalant 15,

$$E = \frac{180}{0,102 \times 15} = 117 \text{ Volts};$$

r étant la résistance interne de la machine, on aura $15 = \frac{117}{2 + r}$, d'où l'on tire $r = 5,8$ Ohms. La résistance totale est donc 7,8 Ohms; le rendement électrique est $\frac{2}{7,8} = 0,25$, et l'énergie disponible par 1^s dans le circuit extérieur sera seulement :

$$180 \times 0,25 = 45 \text{ kilogrammètres.}$$

IV. — La résistance intérieure d'une machine Gramme à galvanoplastie est de 0,02 Ohm. Cette machine dépose 200 grammes de cuivre par heure, en fournissant un courant dont la force électromotrice est de 8 Volts; sachant que le cuivre a pour équivalent 31,70, on demande :

1° L'intensité du courant;

2° La force de la machine à vapeur nécessaire pour actionner la machine Gramme (le rendement des mécanismes étant évalué à 0,50);

3° La résistance du circuit extérieur et la dépense d'énergie relative à l'électrolyse.

Le poids de cuivre déposé par 1ˢ est $\frac{200}{3600} = 0,0555$ gramme; par suite $I = \frac{0,0555}{31,70 \times 0,00001} = 175$ Webers.

Le travail consommé en 1ˢ par le générateur électrique sera

$$0,102 \times 175 \times 8 = 143 \text{ kilogrammètres};$$

en tenant compte du rendement mécanique, on voit que la machine à vapeur devra développer un travail de $\frac{143}{0,5 \times 75} = 3,8$ chevaux.

La résistance extérieure sera donnée par la relation

$$175 = \frac{8}{0,02 + r}$$

et est de 0,026 Ohm.

La résistance totale est donc de 0,046 Ohm et l'énergie consommée en 1ˢ par l'électrolyse $143 \times \frac{0.026}{0,046}$, soit 80 kilogrammètres environ.

V. — On veut pouvoir disposer, en un point B, d'une force motrice de 5 chevaux. Cette force doit être transmise d'un point A par l'électricité. La résistance totale du circuit étant évaluée à 25 Ohms, et sachant que l'on veut un rendement effectif total de 0,35, celui des mécanismes étant de 0,50, on demande :

1° La force d'une machine à vapeur destinée à actionner en A le générateur électrique;

2° Le rendement électrique de la transmission et le rapport des vitesses des machines A et B;

3° L'intensité du courant qui parcourt le circuit;

4° Les valeurs des forces électromotrices d'induction pour chacune des deux machines.

La force de la machine à vapeur devra être $\frac{5}{0,35} = 14$ chevaux. Le rendement électrique ρ sera donné par la relation $0,35 = 0,50\rho$, d'où $\rho = 0,70$.

On a donc $\frac{\text{vitesse A}}{\text{vitesse B}} = \frac{1}{0,70} = 1,43$, d'où $E_{(B)} = \frac{E_{(A)}}{1,43}$.

Le travail par 1^s transformé en électricité par le générateur A est $\frac{5 \times 75}{0,70} = 525$ kilogrammètres.

On a par suite les deux relations

$$I E_{(A)} = \frac{525}{0,102} = 5206, \quad I = E_{(A)} \frac{\left(1 - \frac{1}{1,43}\right)}{25},$$

ou

$$\frac{I}{E_{(A)}} = 0,012.$$

Ces deux relations donnent

$$I = 7 \text{ Webers } 9 \qquad \text{et} \qquad E_{(A)} = 658 \text{ Volts},$$

d'où

$$E_{(B)} = 460 \text{ Volts.}$$

[Extrait des *Mémoires de la Société des Sciences physiques et naturelles de Bordeaux*, t. IV (2e Série), 3e cahier.]

Bordeaux. — Imp. G. Gounouilhou, rue Guiraude, 11.

Bordeaux. — Imp. G. GOUNOUILHOU, rue Guiraude, 11.

E. KOWALSKI. *Note sur les systèmes coordonnés d'unités électriques* (TOME IV, 3e CAHIER)

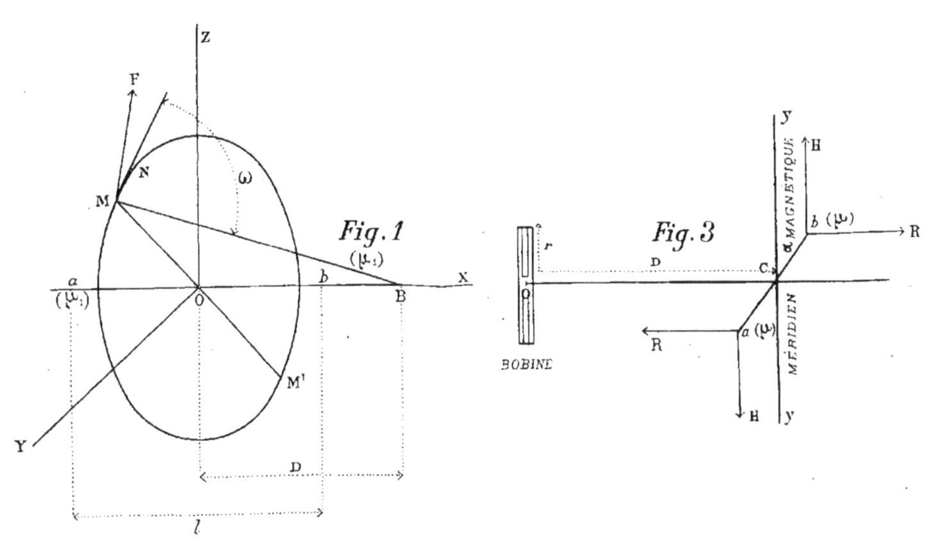

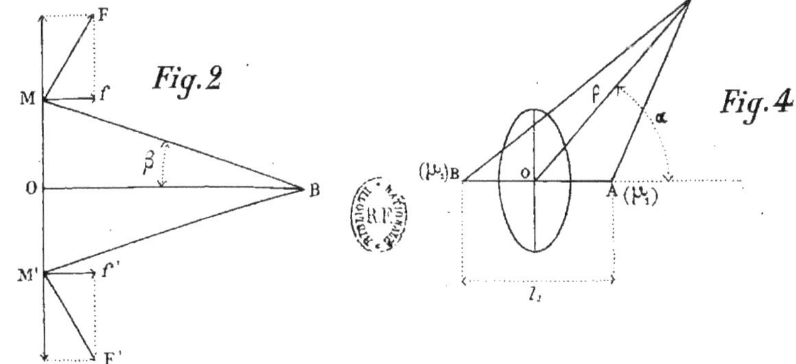

www.ingramcontent.com/pod-product-compliance
Ingram Content Group UK Ltd.
Pitfield, Milton Keynes, MK11 3LW, UK
UKHW020953220726
13924UKWH00002B/664

9 782019 951207